Exploremos India

por Walt K. Moon

BUMBA BOOKS™
en español

EDICIONES LERNER ◆ MINNEAPOLIS

Nota para los educadores:

En todo este libro, usted encontrará preguntas de reflexión crítica. Estas pueden usarse para involucrar a los jóvenes lectores a pensar de forma crítica sobre un tema y a usar el texto y las fotos para ello.

ediciones Lerner
Una división de Lerner Publishing Group, Inc.
241 First Avenue North
Mineápolis, MN 55401, EE. UU.

Si desea averiguar acerca de niveles de lectura y para obtener más información, favor consultar este título en www.lernerbooks.com

Library of Congress Cataloging-in-Publication Data

Names: Moon, Walt K., author.
Title: Exploremos India / por Walt K. Moon.
Description: Minneapolis : Ediciones Lerner, [2017] | Series: Bumba books en español—Exploremos países | Includes bibliographical references and index. | Audience: Ages 4–7. | Audience: Grades K–3. | Description based on print version record and CIP data provided by publisher; resource not viewed.
Identifiers: LCCN 2016043100 (print) | LCCN2016042723 (ebook) | ISBN 9781512449839 (eb pdf) | ISBN 9781512441222 (lb : alk. paper) | ISBN 9781512454031 (pb : alk. paper)
Subjects: LCSH: India—Juvenile literature.
Classification: LCC DS407 (print) | LCC DS407 .M6418 2017 (ebook) | DDC 954—dc23

LC record available at https://lccn.loc.gov/2016043100

Fabricado en los Estados Unidos de América
1 – CG – 7/15/17

Expand learning beyond the printed book. Download free, complementary educational resources for this book from our website, www.lerneresource.com.

Tabla de contenido

Una visita a India 4

Mapa de India 22

Glosario de las fotografías 23

Leer más 24

Índice 24

Una visita a India

India está en Asia.

Mucha gente vive en India.

Es un país grande.

India tiene montañas enormes al norte.

Otras áreas tienen llanuras anchas.

Grandes ríos fluyen a través de India.

En las praderas vagan

elefantes salvajes.

En los ríos nadan

cocodrilos.

En los bosques viven tigres.

Los bosques de teca crecen

en áreas lluviosas.

La madera de los árboles de teca

es fuerte.

La gente la usa para construir cosas.

¿Qué podría construir la gente con madera de teca?

India tiene ciudades

enormes.

Estas ciudades tienen

mucha gente.

Pero la mayoría de los

indios viven en

ciudades pequeñas.

India tiene una larga historia.

Este templo tiene más de mil años.

La gente viene de muy lejos para verlo.

¿Por qué visita la gente un templo antiguo?

pan

arroz

16

En la comida de la India, se usa

el arroz y el pan.

La gente come vegetales, pollo

y cordero.

Las salsas y las especias

añaden sabor.

El críquet es

el deporte principal.

Se juega un poco como

el béisbol.

Muchos indios lo juegan o

ven cómo otros lo juegan.

¿Qué tienen
en común el
críquet y
el béisbol?

India es un país bonito.

Hay muchas cosas para ver.

¿Te gustaría visitar India?

Mapa de India

montañas

llanuras

ciudades

India

bosques

Glosario de las fotografías

críquet

un deporte que se juega con un bate y una pelota

llanuras

pedazos grandes y planos de tierra

teca

un tipo de árbol con madera fuerte y flores blancas pequeñas

templo

un edificio utilizado para honrar a un dios

23

Leer más

Perkins, Chloe. *Living in . . . India.* New York: Simon & Schuster, 2016.

Raum, Elizabeth. *Taj Mahal.* Mankato, MN: Amicus, 2015.

Thomson, Ruth. *India.* New York: PowerKids Press, 2011.

Índice

bosques, 9, 10

ciudades, 13

cocodrilos, 9

comida, 17

elefantes, 9

llanuras, 7

montañas, 7

praderas, 9

ríos, 7, 9

templo, 14

tigres, 9

Crédito fotográfico